Die Festplatte im Kopf
oder
besser leben mit der richtigen Software

AF185144

Man kann den Menschen nichts beibringen,

man kann ihnen nur helfen, es in sich selbst zu entdecken.

Galileo Galilei

Christoph J. Bauer

Die Festplatte im Kopf

oder

besser leben mit der richtigen Software

www.sabiduria.biz

www.tredition.de

Die Festplatte im Kopf
oder besser leben mit der richtigen Software

Copyright © 2013 by Christoph J. Bauer

Umschlaggestaltung: Christoph J. Bauer
Grafiken: Andrea Walla

Verlag: tredition GmbH, Hamburg
ISBN: 978-3-8495-7299-0
Printed in Germany

Inhaltsverzeichnis

Warum ich dieses Buch schrieb

Im Rückblick auf mein bisheriges Leben sehe ich, dass viele Jahre mit der Suche nach der „richtigen" Information vertan wurden, wie ich mein Leben schön und gleichzeitig erfolgreich gestalten kann. Ich las viele Bücher von bekannten Autoren, welche wunderbare Ratschläge erteilten, und versuchte diese immer wieder umzusetzen. Doch leider konnte ich mein gewünschtes Ergebnis nicht erreichen. Warum?

Es war vor fast genau fünfzehn Jahren, dass ich in einer persönlichen Krise war und einen Unfall erlitt. Im ersten Moment war ich natürlich wütend und gleichzeitig traurig darüber, dass dies mir passiert ist. Ich machte mir Vorwürfe, nicht genug aufgepasst zuhaben, und dann auch Sorgen, ob und wie ich das alles überwinden könnte. Im weiteren Verlauf kam mir dann die „Idee", dass mir da jemand ganz gewaltig „auf die Finger geklopft" hat. Das war meine Chance zur Veränderung!

Diesen Hinweis hatte ich verstanden: Ich muss mein Denken und damit auch meine Handlungsweisen verändern, um ein anderes, besseres Ergebnis in meinem Leben zu erhalten. In den dann folgenden Jahren wurde meine Suche nach der richtigen Information mit Erfolg gekrönt.

Die grundlegenden Informationen habe ich in diesem Buch zusammen gestellt. So können Sie beginnen, ohne meine schmerzhaften Erfahrungen wiederholen zu müssen, Ihr Leben schöner und erfolgreicher zu gestalten.

Danksagung

Meinen vielen Wegbegleitern in den vergangenen fünfzehn Jahren möchte ich hier Danke sagen. Sie hatten immer ein offenes Ohr und Zeit für mich, wenn ich es dringend brauchte. Manches Mal musste ich auch Sätze von ihnen hören, die mich im ersten Moment schockten. Im Nachhinein erwiesen sie sich als die (vom Inhalt und vom Zeitpunkt her) absolut richtigen Worte, die mir den Weg in meine Veränderung wiesen. Namentlich erwähnen möchte ich hier Brigitte Schmidt (meine heutige Partnerin) und Siegfried Maiersen. Danke, dass ihr immer für mich da seid, mich unterstützt und mich so nehmt, wie ich bin.

Über diese beiden Menschen hinaus gibt es natürlich noch viele andere, die direkt oder mit ihren Büchern und Seminaren Impulse der Veränderung in meinem Leben setzten, wie Brandon Bays, Eugen Simons, T. Harv Eker, Robert Kiosaki, Anthony Robbins, Donald Walsch, Deepak Chopra, Bruce Lipton, Napoleon Hill, Orison Marden, Charles F. Haanel u.v.a.

Nicht vergessen möchte ich meine Wegbegleiter aus der Epoche VOR den vergangen fünfzehn Jahren. Heute kann ich ihnen dankbar sein für all die Worte und Handlungen, die mich damals verletzten und wütend machten. Damit verhalfen sie mir, in meine Krise zu kommen. So konnte ich Schwung nehmen und mein Leben verändern.

Bernbeuren, 2013

Wichtiger Hinweis:

Dieses Buch beschreibt Vorgänge und Verfahren, mit denen der Leser sein Leben verändern kann. Die Anleitungen dienen der Selbsterkenntnis und stellen keine Therapie und kein Coaching dar. Wer sie anwendet tut dies auf eigene Verantwortung. Der Autor übernimmt keinerlei Verantwortung und kann auch nicht haftbar gemacht werden für Ergebnisse, die der Einzelne damit erzielt. Dies gilt auch für eventuell damit in Zusammenhang gebrachten Personen-, Sach- und Vermögensschäden.

Im Text wird auf einige Anmerkungen hingewiesen, die Sie auf Seite 83 finden können.

Vorwort

Lieber Leser,

dieses Buch ist für all Jene gedacht, die in ihrem privaten Leben, in ihrer Partnerschaft oder in ihrem beruflichen Bereich etwas verändern wollen oder müssen.

Erleben Sie momentan eine persönliche Krise? Sind Sie an einem Punkt angelangt, an dem es anscheinend nicht mehr weitergeht? Oder haben Sie einfach das Gefühl, dass sich in Ihrem Leben, in Ihrem Beruf oder in Ihrer Partnerschaft dringend etwas ändern muss?

In diesem Buch zeige ich Ihnen fünf einfache Schritte, mit denen Sie Ihr Leben sofort verbessern und damit harmonischer und zufriedener gestalten können. Sie lernen Gesetze kennen, die in allen Lebensbereichen gelten und können diese mit ein wenig Übung täglich zu ihrem Vorteil anwenden.

Ein "Kochbuch" für das Leben kann dieses Buch nicht sein. Doch es nimmt Sie an die Hand, öffnet Ihnen ein grosses Tor und zeigt

Ihnen, wie Sie Ihr schlummerndes, grossartiges Potenzial leben können und wie Sie Ihr inneres und äusseres Wissen positiv nutzen und umsetzen können.

Freuen Sie sich auf Ihre Veränderung! Beginnen Sie damit jetzt!

****

Stimme einer Klientin:

Man macht sich das Leben umsonst schwer, denn mit der richtigen Hilfe und den richtigen Anstößen, ist MEIN Leben einfach traumhaft, denn ich schaffe mir selbst diesen Traum.

****

Kapitel 1 - Einführung

Wenn Sie immer das Gleiche tun wie bisher, werden Sie immer das gleiche Ergebnis bekommen wie bisher.

Werden Sie aktiv und entwickeln Sie eine neue Software für ein besseres Leben.

In diesem Buch zeige ich Ihnen einen Weg auf, wie Sie jeden Tag eine bessere Version Ihrer Selbst werden können. Somit verbessern Sie Ihre Lebensqualität und überwinden Krisen leichter.

Ich freue mich, dass dieses Buch zu Ihnen gefunden hat und wünsche Ihnen viel Freude beim Lesen und viel Erfolg bei der Umsetzung meiner Hinweise.

Doch wer bin ich überhaupt oder was befähigt mich dazu, Ihnen zeigen zu wollen, wie Sie Ihre Lebensqualität verbessern oder Ihre Krisen beenden können?

Seit 1984 arbeite ich in meiner eigenen Praxis als Heilpraktiker. In den vergangenen Jahrzehnten konnte ich viele Menschen von ihren körperlichen Krankheiten (oder besser gesagt deren Symptomen) befreien.

Doch damit war ich nicht zufrieden. Zu einer wirklichen Heilung der Krankheit gehört für mich die Auflösung der Ursache, die zu der Krankheit geführt hat.

Ich wollte tiefer gehen und die Menschen wirklich gesund und wieder glücklich werden lassen. Mein grosser Herzenswunsch war es, Patienten zu heilen und nicht nur symptomfrei zu machen! Wie das geht, das lernte ich im Laufe vieler Jahre.

Nach einem Unfall im Jahre 1997 begann für mich ein langer Weg mit vielen persönlichen Zweifeln, die letztendlich mit der Trennung von Frau und Kindern endeten. Das stürzte mich verständlicherweise in eine tiefe Krise. So begann meine Reise zu mir selbst.

Viele Umwege führten mich im Jahre 2003 nach England. Dort lernte ich, wie man an die eigentlichen Ursachen einer körperlichen Krankheit herankommen kann. Was Brandon Bays mit ihrer The-Journey-Arbeit mir als Naturwissenschaftler ebenso zeigte war, auf welcher Basis überhaupt körperliche Krankheiten entstehen können – und natürlich auch, wie man diese Grundlagen verändern kann.

In den folgenden Jahren habe ich dann mit diesem neuen Wissen mit meinen Patienten bzw. Klienten gearbeitet. In vielen Fällen war es möglich, in ganz kurzer Zeit sehr grosse positive Veränderungen zu erreichen.

Auf meinem Weg konnte auch ich mich von vielen meiner persönlichen Probleme befreien. Die grösste Erkenntnis dabei für mich war jedoch, dass im Grunde genommen alles im Leben sehr einfach ist.

Aus den vielen gelernten Methoden entwickelte ich neue Möglichkeiten und Techniken. Mit diesen können Sie jetzt Ihr eigenes Leben in jedem Moment neu und besser gestalten.

Das Leben ist ganz einfach!

Mit Eigeninitiative und meinen entwickelten Möglichkeiten können Sie Ihr Leben leicht verändern. Ich gebe Ihnen die Werkzeuge an die Hand und Sie verbessern damit Ihre Gesundheit, beenden Krisen und vermeiden künftig sich immer wiederholende negative Situationen oder sehen klarer in Ihren beruflichen und finanziellen Bereichen. Sie geben ihrem Leben eine neue Qualität und mehr Freiheit. Sie bauen sich genau das Leben auf, welches Sie sich schon immer gewünscht haben.

Worauf warten Sie noch? Lassen Sie uns anfangen! Ihre Lebensqualität erhöht sich und Ihre Lebensfreude wird steigen.

Kapitel 2 – Die Grundlagen

Sie haben dieses Buch in der Hand, weil irgendetwas Sie daran neugierig gemacht hat. Vielleicht ist Ihr Leben gerade sehr kompliziert oder es gefällt Ihnen nicht. Sie fühlen sich möglicherweise unglücklich, unzufrieden oder haben Probleme mit Ihrem Partner oder Partnerin, mit Kollegen, im Beruf.

Vielleicht drehen Sie sich auch manches Mal im Kreise, erleben immer wieder die gleichen oder ähnlichen Situationen. Scheinen Sie immer wieder irgendwo "hängen" zu bleiben und wissen nicht mehr weiter?

Das alles können SIE ändern!

Was habe ich da vorhin geschrieben? Das Leben ist ganz einfach! Alles ist ganz einfach!

Wahrscheinlich widersprechen Sie mir gleich und denken, dass das Leben doch so kompliziert und mühevoll ist. Unsere Welt ist verwirrend aufgebaut. Es gibt so viele Dinge, die wir "kleine Menschen" überhaupt nicht beeinflussen können! Das, was mit uns geschieht, das wird doch weiter oben beschlossen oder gesteuert! Wir sind nur hier und müssen das Ganze erleiden, erdulden oder sogar ausbaden! Ist alles nur Schicksal oder Karma? [1])

Dann gibt es auch noch diese lieben Mitmenschen, die Ihnen erzählen, dass Sie an allem selbst schuld sind. Sie sind selbst schuld daran, dass Sie in diese Familie hineingeboren wurden. Sie sind selbst schuld daran, dass Sie nur diese Ausbildung machen können. Sie sind selbst schuld daran, dass Sie mit diesem Partner/ mit dieser Partnerin bzw. mit diesen Arbeitskollegen zusammen sind und unter deren Handeln leiden müssen.

Glauben Sie das wirklich?

Was ist das für ein Gefühl, wenn Sie sich vorstellen, dass Sie das "Opfer" von Entscheidungen anderer Menschen sind?

Wie fühlt es sich an, wenn Sie sich vorstellen, dass Sie selbst schuld sind an Ihrer Situation, in der Sie gerade leben, unter der Sie gerade leiden? [2])

Was wäre wenn ich Ihnen sage, dass Sie weder "Opfer" noch selbst schuld sind an den Situationen, die Sie erleben?

Was wäre wenn ich Ihnen zeigen würde, wie Sie aus diesem „ausgeliefert sein" bzw. aus dieser "Schuldfalle" herauskommen können – und zwar ganz einfach?

Was wäre wenn ich Ihnen zeige, dass Sie selbst alles in Ihrer Hand (oder besser: in Ihrem Geist) haben, wie sich Ihr Leben gestaltet?

Was wäre wenn Sie selbst die Macht über Ihr Leben haben und über das, was mit Ihnen geschieht und Ihnen widerfährt?

Das Leben ist wirklich so einfach!

Wir selbst sind es, die uns das Leben so kompliziert und so schwer machen!

Es gibt für alles eine Lösung!

In fünf Schritten zeige ich Ihnen,

> ➢ auf welchen allgemeinen Grund-lagen das Leben aufgebaut ist

> ➢ welche "Gesetze" für alle Menschen gelten

> ➢ wie Sie diese Gesetze für sich nutzen können

> ➢ und besonders, wie Sie Ihr Leben so gestalten können, wie Sie es sich erträumen oder wünschen.

Damit meine ich jedoch nicht, dass Sie in eine Traumwelt hinein gleiten und sich von der realen Welt verabschieden sollen. Es sind nicht nur Worte, es ist eine Tatsache, dass die reale Welt genau so ist, wie Sie über diese Welt denken und wie Sie diese Welt gestaltet haben!

Gerade der letzte Satz ist sehr wichtig. Sie könnten ihn eventuell als übertrieben empfinden. Doch es ist wirklich so:

Sie selbst gestalten die Welt, in der Sie leben!

Sie selbst haben die Macht und die Fähigkeit (und damit auch das Recht und die Pflicht – doch dazu mehr auf Seite 57), Ihr Leben so zu gestalten, wie Sie es sich wünschen oder träumen!

Jetzt fragen Sie sich bestimmt, wie soll das denn funktionieren? Oder, warum erlebe ich manchmal meine Umwelt so negativ? Bin ich also doch selbst schuld an meiner Situation, in der ich gerade bin oder unter der ich schon längere Zeit leide? [2])

Der Untertitel dieses Buches lautet "Besser leben mit der richtigen Software". Das ist eine seltsame und gewagte Aussage. Was hat denn eine Software mit meinem Leben zu tun?

Vergleichen Sie sich einmal mit einem Computer. Der hat ein Betriebssystem und verschiedene Software. Die Software, die wir auf diesem Computer benutzen, gestaltet das, was wir auf dem Monitor sehen: die Farben, die Texte, die Zahlen und auch die Bilder.

Auf einem Bildschirm können wir das lesen, was wir lesen möchten – oder auch nicht lesen möchten. Wenn uns das Monitorbild nicht gefällt, wenn das Ergebnis nicht so ist, wie wir es uns vorgestellt oder gewünscht haben, dann müssen wir, um es zu verändern, andere Daten eingeben - oder eine neue Software aufspielen. Es könnte ja sein, dass die von uns genutzte Software fehlerhafte Teile enthält oder veraltet ist.

So (oder so ähnlich) geht es uns Menschen mit dem, wie wir unsere Welt sehen, wahrnehmen und erleben. Wenn uns das Ergebnis, die erlebte Welt nicht gefällt, dann können wir andere Daten eingeben oder auch eine neue Software einspielen.

Bei wichtigen (Computer-)Programmen merken wir es leicht, wenn sie nicht mehr unsere gewünschten Ergebnisse liefern. Daneben gibt es noch die vielen kleinen Hilfsprogramme, deren Wirken wir normalerweise nicht bewusst zur Kenntnis nehmen, die jedoch ganz entscheidend zum Gesamtergebnis beitragen. Diese Hilfsprogramme laufen meist still im Hintergrund.

Nichts geschieht in Ihrem Leben, was nicht zuerst aus Ihren Gedanken entspringt.

Gedanken sind wie Magnete, die bestimmte Wirkungen anziehen.

Manchmal bemerken wir gar nicht, wie sich solche Programme "selbstständig" machen. Still und heimlich, quasi im Hintergrund, haben sie die Führung übernommen. Wir laufen auf einer Art Autopilot und wundern uns und leiden eventuell sogar darunter, dass wir immer wieder Ergebnisse in unserem Leben erfahren, die uns gar nicht gefallen.

Wir alle gestalten die Welt ...

in der wir leben! Jeder von uns trägt seinen Anteil dazu bei. Wenn die Welt uns nicht gefällt, dann müssen und können wir sie verändern.

Das klingt ja schon sehr verrückt! Ich möchte Ihnen das an einem einfachen Beispiel verdeutlichen. Wir leben in einem Land, das von einer Regierung regiert wird, wie fast jedes andere Land auch. Diese Regierung macht Gesetze, handelt neue Verträge mit anderen Ländern aus und gestaltet so unser aller Lebensraum. Wir alle haben gemeinsam dazu beigetragen, dass diese Regierung existiert. Wenn wir auf dem Wahlzettel an einer anderen Stelle das Kreuz gemacht hätten, dann wäre eine andere Regierung gewählt worden, die vielleicht andere Gesetze gemacht hätte.

Wenn uns das Ergebnis unserer Wahl, das heisst diese Regierung und diese von ihr erlassenen Gesetze nicht gefällt, dann können wir bei der nächsten Wahl eine andere

Regierung ins Amt bringen. Wir haben die freie Wahl!

Doch wie kommt so ein Wahlergebnis überhaupt zustande? Gut, wir machen irgendwo und irgendwann auf einem Wahlzettel ein Kreuz an einer bestimmten Stelle. Die Kreuze auf allen Wahlzettel zusammen haben ein gemeinsames Ergebnis zur Folge.

Nur, warum werden die Kreuze in genau diesem Verhältnis gemacht?

Vor der Entscheidung des Einzelnen, dieser oder jener Partei sein Stimme zu geben, gab es einen Denkprozess. D.h. es wurde darüber nachgedacht und diskutiert, welche Partei oder welche Regierung die Bedingungen für meinen persönlichen Lebensplan besser gestalten könnte.

An diesem Beispiel wird sehr leicht offensichtlich, dass jeder mit seinen Gedanken seine Umwelt mit erschafft, die seinem Lebensplan entspricht. Anders ausgedrückt heisst das, dass unsere Gedanken unsere Welt erschaffen.

Das ist doch eine gute Nachricht:

Ihre und meine Gedanken erschaffen Ihre und meine Umwelt!

Lassen Sie sich das einmal auf der Zunge zergehen! Sie haben die Macht und das Potenzial (d.h. die grossartigen Fähigkeiten) dazu, alles um sich herum mit zu gestalten, so wie Sie es sich wünschen. Ist das nicht sensationell?!

Wenn Sie jetzt noch ein wenig genauer hinschauen und dabei den Betrachtungs-bereich etwas verkleinern, dann werden Sie schnell realisieren, dass Sie ebenso die Macht und das Potenzial haben, Ihren eige-nen Körper so zu gestalten (mit Ihrer Ernäh-rung, Ihrer Bewegung und Ihren Gedanken), wie Sie es sich vorstellen! Sie selbst haben also die Fähigkeit zu entscheiden, entweder krank zu werden oder gesund zu sein!

Damit sind wir an einem ganz wichtigen Punkt angekommen. Wenn Sie selbst ent-scheiden können, in welchem Zustand Ihr

Körper ist, dann haben Sie sozusagen "das Zepter in der Hand". Ohne Ihre persönliche Zustimmung (ob bewusst oder unbewusst) kann nur noch "Positives" mit Ihnen geschehen.

Nur Sie können Ihren Körper gesund erhalten! Ihr Körper ist Ihr direktes Umfeld! Wenn dieses direkte Umfeld gesund ist, dann kann auch das erweiterte Umfeld, das heisst die Umgebung und Ihre Lebensbedingungen, ebenso nur gesund werden.

Lesen Sie die letzten drei Absätze ruhig zwei oder drei Mal. Denn darin ist eine ganz wichtige Schlussfolgerung enthalten: Sie verändern Ihre Lebensbedingungen, verbessern Ihre Lebensqualität und gestalten Ihre reale Welt dadurch, dass Sie die Bedingungen und die Qualität Ihrer direkten Umwelt, sprich Ihres Körpers verändern. Indem Sie beginnen, anders zu denken, anders zu essen und sich anders zu bewegen!

Dies ist ganz essenziell. Sie kennen doch bestimmt den Satz: ein Jeder kehre zuerst vor seiner eigenen Türe – oder vielleicht sollte man besser sagen: zuerst im eigenen Haus kehren? Oder nehmen Sie den biblischen Vergleich: es ist leicht, den Splitter im Auge des Gegenübers zu sehen und dabei den Balken im eigenen Auge nicht zu erkennen.

So weit – so gut. Nur, wie kann ich die Qualität meines Körpers verändern? Welcher Teil von mir ist dafür zuständig, wie mein Körper und damit meine Umwelt sich entwickelt?

Ihr Körper ist der Spiegel
Ihrer Gedanken!

Unsere Gedanken sind die Auslöser für das, was wir in unserem Leben/unserem Körper erfahren! Ihr Leben und Ihr Körper gestalten sich so, wie Sie denken. Und wer ist für diese Gedanken zuständig, wer kann sie auswählen oder verändern?

Richtig! Das sind Sie,
ganz alleine Sie!

Das ist eines der Gesetze, welches in der Welt immer wirkt:

die Kraft der Gedanken.

Das Leben ist immer das Resultat der Gedanken, die du darüber hegst.

Mit unseren Gedanken
kreieren wir unsere Welt!

Dieses Gesetz wirkt immer und überall! Ob Sie daran glauben oder nicht. Es ist die Grundlage, auf die wir jederzeit bewusst achten müssen. Denn sie hat weit reichende Konsequenzen.

Vor einiger Zeit fand ich einen wunderschönen Text:

"Achte auf Deine Gedanken, denn sie werden zu Deinen Worten.

Achte auf Deine Worte, denn sie werden zu Deinen Taten.

Achte auf Deine Taten, denn sie werden zu Deinen Gewohnheiten.

Achte auf Deine Gewohnheiten, denn sie prägen Deinen Charakter.

Achte auf Deinen Charakter, denn er bestimmt dein Schicksal."

(wahrscheinlich chinesischen Ursprungs) [3])

Dieser Text fasst gut zusammen, wie sich unsere Gedanken in der Welt auswirken.

Dazu möchte ich noch ein Zitat von einem Mann namens Orison Swett Marden stellen, der im 19. Jahrhundert Folgendes formulierte:

"Die Möglichkeiten der Gedanken sind unendlich, deren Konsequenzen ewig – und dennoch unternehmen nur Wenige die Anstrengung, ihr Denken in Kanäle zu lenken, die ihnen gut tun, sondern überlassen stattdessen alles dem Zufall."

(O.S. Marden)

Sie sehen, wir sind nicht die Ersten, die sich über die Macht und die Kraft der Gedanken ein paar Gedanken gemacht haben!

Nebenbemerkung:

Dieses allgemein gültige Gesetz der "Kraft der Gedanken" kann rein physikalisch erklärt werden. Eine ausführliche Erklärung würde jedoch weit vom Inhalt dieses Buches weg führen.

Deshalb möchte ich nur kurz ausführen, dass Denken zuerst ein chemischer Prozess ist, der in den Nervenzellen einen elektrischen Impuls freisetzt. Sie wissen ja bestimmt, dass in der Klinik bei Patienten diese Hirnströme gemessen werden können. Und Sie wissen auch, dass jeder Stromfluss seine Auswirkungen haben wird. Jeder Strom (ob er nun bei Ihnen zuhause aus der Steckdose kommt oder aus Ihrem Gehirn) ist ein Energiefluss und – das ist wiederum ein physikalisches Gesetz – ein Energiefluss hat Folgen und Energie geht nicht verloren!

Die interessierten Leser können hier noch einen anderen Aspekt erfahren. [4])

Fassen wir zusammen:

1. Sie selbst gestalten die Umwelt/den Körper, in dem Sie leben.

2. Durch Ihre Gedanken kreieren Sie Ihre Welt.

3. Sie sind ganz alleine dafür verantwortlich was Sie denken.

4. Ihre Gedanken werden immer Auswirkungen haben.

Gerade der letzte Punkt könnte etwas erschrecken. Wir denken ja eigentlich ununterbrochen. Es sind viele Tausende von Gedanken und Ideen, die unser Gehirn den ganzen Tag über produziert. Wenn ich mir vorstelle, dass all diese Gedanken sich realisieren würden, dann würden wir uns selbst ein riesengrosses Chaos erschaffen. Dessen Folgen für uns möchte ich mir nicht ausmalen!

Zum Glück realisiert sich nicht jeder Gedanke sofort. Ansonsten wäre ein Gedanke an einen grossen Elefanten hier in meinem Zimmer wohl sehr folgenreich.[5]

Es scheint also eine Art "Sicherheits-Zeitspanne" zu geben, so dass nicht jeder Gedanke sofort verwirklicht wird. Damit haben wir eine zusätzliche grosse Chance bekommen: wir können einem unkontrolliert ausgesandten, nicht förderlichen Gedanken, einen besseren Gedanken hinterher schicken. So können wir die Energie eines "schlechten" Gedankens löschen.

Kapitel 3 – Achte auf Deine Gedanken, achte auf Deine Worte

D amit bin ich bei dem ersten Schritt angekommen, den Sie mit etwas Übung jeden Tag besser anwenden können:

> Achten Sie auf Ihre Gedanken. Genau so, wie Sie sich jeden Tag waschen oder die Zähne putzen, so sollten Sie auch (ich nenne es) Gedankenhygiene betreiben.

Natürlich ist vollkommen klar, dass Sie nicht in jedem Moment auf jeden Gedanken, der in Ihnen entsteht, achten können. Das wäre zu viel verlangt. Versuchen Sie jeden Tag immer wieder von Neuem, sich Ihrer Gedanken bewusst zu werden.

Ein effektiver Weg, sich der eigenen Gedanken bewusst zu werden, ist ein kleines Ritual. Machen Sie es sich zur Gewohnheit, jeden Abend vor dem Einschlafen den vergangenen Tag Revue passieren zu lassen. Schauen Sie sich die wichtigen Momente des

Tages noch einmal an. Erinnern Sie sich dabei an das, was Sie gedacht oder auch gesagt haben, wie Sie eventuell gehandelt haben. Und dann gehen Sie einmal die möglichen Folgen durch, die diese Gedanken und auch Handlungen für Sie und Ihre Umwelt haben können. Ist alles so perfekt, wie Sie es sich wünschen? Oder würden Sie gerne etwas korrigieren und verbessern können? Dann tun Sie es!

Lernen Sie zu wissen, was Sie gerade denken oder gedacht haben. Wenn Ihnen dabei auffällt, dass Sie etwas gedacht haben, dessen Auswirkungen Ihnen überhaupt nicht gefallen würden, dann senden Sie einen (Ihrer Meinung nach positiven) löschenden Gedanken hinterher.

Sie können es auch so anschauen, dass Sie dem gesamten Universum mitteilen: "Bitte streicht meinen letzten, schlechten Gedanken. Meine Absicht ist eine andere und mein veränderter und besserer Gedanke soll umgesetzt werden".

In direktem und sehr engem Zusammenhang steht der zweite Schritt. Schauen Sie noch einmal in den Text auf Seite 29. Dort steht: "Achte auf Deine Worte, denn sie werden zu Deinen Taten".

Worte sind die Fortsetzung der Schwingungen, die durch die Gedanken begonnen wurden. Genauso wie ich es bei den Gedanken geschrieben habe, hat auch der Gebrauch von Worten Auswirkungen auf Ihre Umwelt. Wenn Sie beispielsweise ständig von Kampf oder Krieg sprechen (wie es häufig nicht nur im Sportbereich getan wird), werden auch die dazugehörenden Schwingungen ausgesandt.

Wenn ich Schwingungen von Kampf oder Krieg aussende, werde ich, da stimmen Sie mir bestimmt zu, keinen Frieden ernten können. Das beruht auf einem anderen allgemein gültigen Gesetz. Nämlich dem

Gesetz von "Saat und Ernte",

welches auch als das

Gesetz von "Ursache und Wirkung"

bezeichnet wird. [6])

Die gleiche Gesetzmässigkeit gilt natürlich auch für Sätze wie "ich muss mir Sorgen machen", "ich fürchte Schlimmes", „Hals- und Beinbruch" oder "das wird schon schief gehen" und all die vielen anderen schönen (ängstlichen oder negativen) Sätze und Redewendungen, die wir jeden Tag hören, lesen oder auch selbst produzieren. Sie kennen bestimmt auch den Vergleich, ist das Glas schon halb leer oder ist es noch halb voll. Worauf legen Sie Ihren Fokus?

Wenn immer wieder die gleichen Gedanken und die gleichen Worte ausgesandt werden, wird sich Ihr Körper, Ihre Umwelt und Realität genauso gestalten. Wie man in den Wald hineinruft, so schallt es zurück. Dies ist das Gesetz von "Ursache und Wirkung"! Man könnte es auch als ein Teil des Prinzips der selbsterfüllenden Prophezeihungen sehen, die garantiert immer wahr sein werden!

Werden Sie sich jeden Tag ein wenig mehr bewusst, was Sie gerade denken oder sagen und ob dies Sie Ihrem Lebensplan oder Traumleben näher bringt oder nicht.

**Das Gesetz „Ursache und Wirkung"
funktioniert immer!**

Ob Sie bei einem Thema denken, es geht oder ob Sie denken, es geht nicht – in beiden Fällen werden Sie Recht behalten.

Hier noch ein Hinweis, wie Sie bewusst denken, sprechen oder handeln lernen. Sie können ganz einfach klären, ob Ihre Vorstellung, Ihr Wunsch oder Ihre zukünftige Entscheidung "positiv" und aufbauend oder zerstörerisch ist, wenn Sie sich immer wieder diese zwei Fragen stellen:

Wie werden möglicherweise die Folgen meiner Entscheidung / meines Wunsches aussehen?

Wird diese Entscheidung / dieser Wunsch für mich und andere Menschen in meiner Umgebung wahrscheinlich positiv sein?

Das Gleiche gilt für die Art unserer Formulierungen. Unser Unterbewusstsein arbeitet mit Bildern und Gefühlen und kann nicht unterscheiden, ob etwas positiv formuliert ist oder mit einem Zusatz wie zum Beispiel "nicht, kein " usw. versehen ist. Wenn ich einem Kind sage: "Verschütte die Milch nicht!" dann entsteht im Unterbewusstsein des Kindes zuerst ein Bild von verschütteter Milch, welches durch das Wort „nicht" wieder korrigiert werden muss. Jedoch ist meist bis dahin die Milch schon verschüttet!

Unser Unterbewusstsein „versteht" bei dem Satz "Ich möchte mit dir keinen Ärger bekommen" zuerst „Ich möchte mit dir Ärger bekommen". Jeder Wunsch wird von unserem Unterbewusstsein schnell erfüllt. Das Wort „keinen" kommt erst als zweite Botschaft an und damit meist zu spät! Wir handeln in dem Moment schon so, dass wir Ärger bekommen werden.

Also achten Sie bei Ihren Plänen oder Entscheidungen darauf, wie Sie diese formulieren. Formulieren Sie Ihre Sätze immer im positiven Sinne und vermeiden Sie Verneinungen. **Sagen Sie das, was Sie haben wollen** und nicht das, was Sie nicht erreichen möchten. Auf die beiden obigen Beispiele angewandt sähe das so aus. „Liebes Kind, lasse bitte die Milch im Glas" oder „Ich möchte die Sache mit Dir in Frieden klären."

Wie fühlt sich die zweite Variante für Sie an?

Kapitel 4 – Die Geschichte von der Festplatte und dem Daten- müll

Jetzt kommen wir zum dritten Schritt. Ihre Gedanken werden stark davon beeinflusst, mit wem oder was Sie sich beschäftigen, welche Informationen Sie aufnehmen.

Ihre "Festplatte" im Gehirn speichert alles. Ihr Gehirn kann nicht zwischen positiven oder negativen Informationen unterscheiden. Die Begründung liegt in Ihrem Unterbewusstsein, wie ich es schon auf den vorigen Seiten beschrieben habe.

Wenn Sie zum Beispiel jeden Tag die Texte der Zeitung mit den grossen Buchstaben lesen, wenn Sie sich immer wieder mit Meldungen von Mord und Totschlag, Unfällen oder Katastrophen beschäftigen, oder wenn Sie nur Kriminalfilme anschauen und die Nachrichten im Radio jede halbe Stunde hören, - dann werden diese Informationen auch in Ihrem Gehirn gespeichert.

Alle aufgenommenen Informationen, ganz besonders die unbewusst aufgenommenen Informationen werden zu Ihrem "Datenvorrat" im Gehirn hinzugefügt. Aus diesem Datenvorrat entwickelt Ihr Gehirn automatisch neue Gedanken – es sei denn, Sie sortieren die Datenvorräte bewusst aus.

Ein anderes Beispiel: beobachten Sie einmal, mit was Sie Ihre Mahlzeiten zubereiten. Wenn Sie Lebensmittel mit schlechter Qualität verwenden oder alles mit Wut durcheinander in den Topf werfen und kochen – wie wird Ihnen dieses Essen schmecken? Was würde Ihr Magen zu diesem Essen sagen?

Sie können sich bestimmt vorstellen, dass mit schlechten, unsortierten "Informations-Zutaten" auf Ihrer Festplatte nicht gerade die besten Gedanken entwickelt werden können. Daraus folgt, Sie ahnen es bestimmt schon, dass sich daraus die entsprechende Lebensqualität entwickeln wird.

Üben Sie sich darin, jeden Tag bewusster zu werden, mit welchen Texten oder Informationen oder auch Menschen Sie sich beschäftigen.

Informiert zu sein über das, was sich in der Welt oder in der Umgebung ereignet, ist richtig und auch wichtig. Aufgrund dieser Informationen müssen wir auch unsere nächsten Entscheidungen treffen.

Problematisch wird es nur, wenn wir solche Informationen und Nachrichten ungefiltert in unser Gehirn reinlassen. Wenn zum Beispiel das Radio nebenbei läuft, Sie sich jedoch auf eine Arbeit konzentrieren müssen. Dann können Sie nicht entscheiden, welche Informationen auf Ihrer "Festplatte" abgespeichert werden. Das Gleiche geschieht, wenn Sie vor dem Fernseher einschlafen. Sie sammeln quasi "Datenmüll" im Schlaf an. Wollen Sie das?

Denn was macht dieser "Datenmüll" mit Ihnen? Können Sie sich an einzelne Werbeslogans der Industrie erinnern. Sätze, die plötzlich aus dem „Nichts" heraus in Ihr Bewusstsein kommen? Kinder und Jugendliche sind in der Lage, manchmal alle Einzelheiten einer Sendung zu erzählen, die sie nur nebenbei gesehen oder gehört haben. Was wird das für Auswirkungen haben? Können Sie dabei noch klare Gedanken entwickeln oder wohl überlegte Entscheidungen treffen?

Bitte entschuldigen Sie, wenn ich es hier einmal sehr deutlich formuliere. "Informations-Müll" gedanklich weiter verarbeitet, wird selten ein gutes Resultat bringen. Denken Sie wieder an den Computer: wenn ich falsche Daten oder diese durcheinander eingebe, kann das Ergebnis nicht richtig sein!

Dazu fällt mir ein Zitat aus einem Text ein. Der Titel lautet "**Die Konferenz des Teufels**" (die Quelle ist mir entfallen). Darin heisst es unter anderem: "… übersättigt ihre Gedanken, so dass sie die eigene innere Stimme nicht mehr hören können. Bringt sie dazu, während des Autofahrens ständig Musik spielen zu lassen. Lasst kontinuierlich den Fernseher, Video- und CD-Player und den Computer in ihren Wohnungen laufen. Sorgt dafür, dass ständig Musik spielt, die meine Ziele verfolgt… in jedem Laden und in jedem Restaurant der Welt. Das wird ihre Gedanken und ihren Geist blockieren. Beschwert ihre Gedanken 24 h am Tag mit Nachrichten. Überschwemmt die Momente, in denen sie unterwegs sind, mit Reklametafeln. Überflutet ihre Briefkästen mit fetten Katalogen, Lottowerbung, jede Art von Wurfsendungen und Werbebroschüren, die kostenlose Produkte anbieten und falsche Hoffnungen wecken."

Dies ist nur ein Beispiel dafür, wo wir überall „Datenmüll" aufsammeln können und dies meist unbewusst auch tun. Einige der „Datenmüll-Quellen" können wir selbst direkt vermeiden, bei den anderen sollten wir aufmerksam sein.

Glauben Sie mir, ich hätte mir wirklich gewünscht, dass es schon früher so ein Buch wie dieses für mich gegeben hätte. So habe ich viele Jahre meines Lebens "vertan" und einen ganzen Berg von „Datenmüll" angesammelt. Ich habe Vieles angefangen und immer wieder den Ausweg aus einem weiteren Irrtum gesucht. Das, was ich hier in diesem Buch aufschreibe, das habe ich alles selbst erlebt und auch unter den Konsequenzen gelitten.

Mein Wunsch für Sie ist, dass Sie viele meiner Erfahrungen nutzen können und sich viele Irrwege ersparen können. So können Sie Ihrem Leben schneller eine bessere Qualität geben.

Kapitel 5 – Angewohnheiten

Kommen wir zu dem vierten Schritt. Versuchen Sie einmal, die verschiedenen Situationen, die Ihnen nicht so gut gefallen, von aussen anzuschauen. Beobachten Sie: können Sie Ähnlichkeiten finden? Wiederholen sich Situationen bei Ihnen?

Haben Sie bestimmte Angewohnheiten, die Sie gerne ändern würden? Gibt es Reaktionsweisen bei Ihnen selbst oder bei Ihrem Partner/Partnerin, die Ihnen nicht gefallen? Was haben Sie selbst getan oder gesagt, dass diese Reaktion entstehen konnte?

Es lohnt sich, hier etwas genauer hinzuschauen, was man gerade selbst tut. Denn es gibt so viele kleine Programme oder Glaubenssätze und Überzeugungen, die wir uns selbst einmal geschrieben haben und mit denen wir uns wohl und sicher gefühlt haben. Diese Programme waren in dem Moment, in dem wir sie entwickelten von Vorteil für uns. Jedoch muss es diesen Vorteil für uns heute nicht mehr geben. Sie können es verändern!

Nehmen wir das Beispiel Rauchen. Ich möchte hier nicht gegen die Raucher schimpfen. Sie können das Rauchen auch mit Schokolade essen oder Alkohol trinken ersetzen, mit andauerndem Chatten oder am PC spielen.

Allgemein bekannt ist, dass Rauchen der Gesundheit des Körpers schadet. Auf der anderen Seite kann das Rauchen einer Zigarette sehr gut den Stress reduzieren. Oder es ist eine Art "Belohnung", die wir uns selbst geben, wenn eine Arbeit erledigt ist.

Haben Sie schon einmal beobachtet, dass es im Laufe der Zeit für Raucher immer mehr Momente gibt, in denen eine "Belohnung" gut ist. Es wird noch eine Zigarette mehr gebraucht, um Stress zu reduzieren.

Rauchen ist ein wunderschönes Beispiel, um zu sehen, wie ein kleines Programm ("Jetzt brauche ich eine Zigarette") sich verselbständigt und immer öfters abläuft.

Hier komme ich noch einmal auf den Vergleich Mensch und Computer zurück. Auch auf dem Computer gibt es Software, mit denen wir eine Zeit lang sehr gut arbeiten konnten, die unsere Aufgaben richtig erfüllten. Irgendwann einmal ist jedoch unser Bedarf ein anderer geworden und dieses Programm wird auf unserem Computer nicht mehr benötigt.

Was machen Sie mit einem Programm auf Ihrem Computer, welches Sie nicht mehr benötigen? Richtig, Sie löschen es von der Festplatte. Genau das Gleiche können Sie mit den Programmen tun, die Sie irgendwann einmal in Ihrem Leben für sich geschrieben haben. Wenn Sie diese nicht mehr brauchen, dann löschen Sie sie von Ihrer eigenen "Festplatte".

Ein Programm von der eigenen "Festplatte" zu löschen bedarf oftmals professioneller Hilfe. Jedoch der erste dafür notwendige Schritt ist relativ einfach:

> **Beobachten Sie sich selbst immer wieder in den verschiedenen Situationen. Stellen Sie Vergleiche an. Achten Sie dabei genauer darauf, ob sich bestimmte Verhaltensformen bei Ihnen wiederholen.**

Wenn Sie bei einer solchen "Analyse" fündig geworden sind, dann nehmen Sie sich ein wenig Zeit für sich selbst. Ziehen Sie sich zurück und gehen Sie noch einmal in diese Situation hinein. Spüren Sie nach, welche Gefühle (zum Beispiel Frust, Traurigkeit, Wut) sind in diesem Moment bei Ihnen vorhanden gewesen. Fragen Sie sich dann, ob diese Gefühle häufiger bei Ihnen vorkommen.

Gefühle können Sie als die Worte Ihres inneren Zentrums anschauen. Gefühle sind wie "Briefträger Ihrer Seele", die Ihnen eine Nachricht überbringen möchten. In dieser "Nachricht" ist die Information versteckt, wann Sie schon einmal in einer ähnlichen Situation waren, in der Sie genau dieses Programm für diese Verhaltensform geschrieben haben.

Es ist nicht wichtig zu wissen, warum diese Gefühle in dieser Situation auftreten. Das Wichtige ist, dass diese Gefühle Sie zu Ihrer Aktion (oder Reaktion) gebracht haben. Und Ihre Aktion oder auch Reaktion hat eher mit der Erinnerung an ein früher Erlebtes zu tun, als mit der aktuellen Situation.

Allein, wenn Sie erkennen können, welches Ihre Gefühle sind, die Sie so handeln lassen, haben Sie schon die grosse Möglichkeit in der Hand, Ihre Aktion – und damit auch Ihre Reaktion zu verändern.

Alle Details auszubreiten, wie was zusammenhängt und verändert werden kann, würde den Rahmen dieses Buches bei weitem sprengen. Wenn Sie mehr wissen möchten oder nach Unterstützung suchen, dann schauen Sie bitte auf die Seite 79.

Gefühle sind nur momentane Erscheinungen. Sie kommen und gehen. Denken Sie dabei einmal an ein kleines Kind, welches gerade Kummer hat und weint. Durch eine entsprechende Handlung von Vater oder Mutter kann dieses Kind innerhalb einer kurzen Zeit aus dem traurigen Gefühl in ein fröhliches Gefühl wechseln.

Genau das Gleiche könnten wir Erwachsenen auch tun, wenn wir nicht an einem Gefühl festhalten würden. Noch einmal zur Erinnerung: Gefühle sind wie Briefträger der Seele, sie kommen vorbei und geben eine Nachricht ab – und gehen dann wieder. Ein Briefträger wird nie länger als notwendig bei

Ihnen bleiben. Es sei denn, Sie laden ihn dazu ein. Wir Menschen halten gerne den „Briefträger" namens Gefühl unbewusst fest!

Um es konkret zu machen: wenn Sie bemerken, dass in ähnlichen Situationen ein bestimmtes Gefühl immer wieder bei Ihnen auftaucht, dann versuchen Sie so vorzugehen:

---

1. Freuen sich darüber, dass Sie dieses Gefühl bemerkt haben.

2. Nehmen Sie das Gefühl über die Situation an, denn es macht keinen Sinn sich gegen etwas zu sträuben, das bereits da ist.

3. "Bedanken" Sie sich bei diesem Gefühl dafür, dass Sie auf eine "alte" Geschichte hin gewiesen wurden. Welche Geschichte das war, ist jetzt im Moment völlige Nebensache. Also nicht ins Grübeln, Analysieren oder Interpretieren kommen!

4. In diesem Moment sind Sie sich schon bewusst geworden (Sie wissen, was in Ihnen vorgeht).

5. Jetzt können Sie ganz einfach aus dem Reaktionsprogramm aussteigen und in der Situation mit dem neuen Wissen besser handeln (agieren).

Auch wenn das beim ersten Mal nicht gleich funktioniert, versuchen Sie es immer wieder. Je öfter Sie diesen Schritt angehen, umso leichter können Sie aus dem Verhalten eines auf "Autopilot" laufenden "Roboters" aussteigen.

Können Sie sich vorstellen, wie sich Ihre Lebensqualität verbessert, wenn Sie immer öfters bewusst handeln können? Wenn nicht mehr der unbewusste "Roboter" in Ihnen handelt, sondern Sie selbst als eigenständige Persönlichkeit! Es werden sich dann auch Ihre Gedanken verändern, Ihr Körper wird sich verändern und damit natürlich auch Ihre Umwelt.

Kapitel 6 – Was mache ich mit dem Leben?

Zu Beginn dieses Buches (Seite 21) hatte ich geschrieben, dass Sie selbst die Macht und die Fähigkeit (und damit auch das Recht und die Pflicht) haben, Ihr Leben so zu gestalten, wie Sie es sich wünschen oder erträumen!

Wie Sie Ihre Macht und Ihre Fähigkeiten nutzen können, Ihr Leben so zu gestalten wie Sie es sich vorstellen, habe ich Ihnen aufgezeigt. Wir kommen nun zu dem Punkt, dass Sie das Recht und sogar die Pflicht haben, Ihr Leben zu gestalten.

Jedoch, was bedeutet "Leben"?

Leben ist eine lange oder kürzere Zeitspanne zwischen der Geburt und dem Tod! Da stellt sich die Frage, wie man mit dieser Zeit sinnvoll umgehen soll? Zu irgendetwas sind diese Jahre ja da, oder?!

Wahrscheinlich sind wir uns darin einig, dass die meisten Menschen sich diese Frage nie so richtig stellen. Falls doch, gestaltet es sich schwierig, die richtige Antwort zu bekommen. Denken Sie zurück an Ihre eigene Kindheit, in der Sie bestimmt viele Fragen an Ihre Eltern gerichtet haben. Können Sie mir zustimmen, wenn ich sage, dass viele Fragen davon nur ungenügend beantwortet werden konnten?

Warum ist es so schwierig, die richtigen Antworten auf diese wichtigen Fragen zu bekommen? Weil wir Menschen gelernt haben, die Welt als etwas anzusehen, was einfach existiert. Zwar wird daran geforscht, wo alles herkommt, was wir um uns herum sehen, fühlen, hören, riechen und schmecken können. Jedoch nicht alles kann mit diesen rein naturwissenschaftlichen Methoden erklärt werden.

Beschäftigen wir uns einmal mit der Frage: WARUM sind die Dinge oder Lebewesen vorhanden, die wir sehen oder fühlen können? Da kommen wir sehr schnell an unsere Grenzen; der naturwissenschaftliche Sachverstand hat dafür keine klaren Antworten.

Schauen wir uns die verschiedenen Wesen der Erde an. Da gibt es die Mikroben, die z.B. den Boden aufbereiten, so dass Pflanzen darauf wachsen können. Die Pflanzen dienen als Nahrung für die Tiere oder auch für den Menschen. Die Tiere wiederum dienen ebenso dazu, den Menschen zu ernähren. So hat jede Stufe bis hierher wenigstens eine nachvollziehbare Begründung für ihre Existenz, einen festen Platz in der Entwicklung dieser Erde. Wenn man nun das Wesen Mensch direkt anschaut, stellt sich die Frage: "Und was soll dieses Wesen tun, für was ist der Mensch auf der Erde?"

Wir selbst bezeichnen uns ja gerne als die Krönung der Schöpfung. Das ist auch in Ordnung und gut so. Dann müssen wir uns auch dementsprechend an die Arbeit machen. Der Mensch als Bewohner dieser Erde hat auch eine ganz bestimmte Aufgabe!

Der Mensch als Krönung der Schöpfung hat „Kraft seines Amtes" die Aufgabe, das System Erde (eventuell sogar das System Universum) zu erhalten und weiter zu entwickeln. Die Art und Weise der Weiterentwicklung ist seinem freien Willen unterworfen. Er kann entscheiden, in welche Richtung die

Erde (oder das Universum) sich entwickeln soll.

Der Mensch hat demnach einerseits das Recht zu entscheiden, wie sich diese Welt weiter entwickeln soll. „Kraft seines Amtes" als Krönung der Schöpfung hat er andererseits damit auch die Pflicht zu entscheiden! Diesem Recht und dieser Pflicht kann der Mensch nur nachkommen, wenn er einen "Plan" hat und seine Aufgaben kennt.

So, hiermit bin ich am Ende meiner etwas allgemeinen Erklärung. Jetzt kommen wir wieder zu Ihnen persönlich.

Leben Sie Ihr Leben aus einer Motivation heraus. Verstehen Sie, dass der Zweck des Lebens nichts mit dem zu tun hat, was Sie aus diesem heraus holen können, sondern einzig und allein mit dem, was Sie in dieses Leben hinein geben.

Auch Sie haben einen Lebensplan und sich bestimmte Aufgaben vorgenommen, die Sie auf dieser Welt in Ihrem jetzigen Leben erfüllen möchten. Im "Normalbetrieb" vergessen wir Menschen jedoch diesen Lebensplan sehr früh in unserem Leben und gehen meist nicht direkt an unsere Aufgaben heran. Dennoch bleiben die Aufgaben weiterhin bestehen!

Solange wir unseren Lebensplan bzw. die Aufgaben, die wir uns selbst gestellt haben, vergessen oder nicht kennen, solange werden wir im Leben umher irren. Wir tun nicht das, was wir tun wollen, und sind nicht dort, wo wir sein sollen. (Wenn Sie mehr über Ihren Lebensplan wissen möchten, so empfehle ich Ihnen, sich z.B. mit Ihrer Kabbala Lebensanalyse zu beschäftigen). [7])

Stellen Sie sich einmal vor, dass Sie in einem Wald, in einer Ihnen fremden Umgebung sind und nicht genau wissen, wo Sie sich befinden und Sie wissen auch nicht, wo Sie hin gehen wollen. Wie würden Sie sich dabei fühlen? Eventuell etwas verwirrt? Vielleicht kommt auch Angst auf, Unsicherheit, Unzufriedenheit oder Orientierungslosigkeit?

Wenn Sie nicht wissen, wo Sie in Ihrem Leben stehen und wie sich Ihr Leben gestalten soll, dann wir dieses mühevoll sein.

Was möchten Sie mit Ihrem Leben tun, in welche Richtung wollen Sie diese Welt weiterentwickeln?

Wie sieht Ihr Plan dafür aus und welche Software brauchen Sie dafür?

Da dieser fünfte Schritt essenziell und eventuell sogar existenziell bedeutsam ist, möchte ich Ihnen seinen Inhalt in einfachen Fragen zusammenfassen:

➢ Was ist der Sinn Ihres Lebens? Was möchten Sie mit Ihrem Leben erreichen, was soll die Nachwelt einmal über Sie erzählen können?

➢ Wo sollen/wollen Sie hingehen, was ist Ihr Lebensziel? Wie weit wollen Sie kommen in Ihrer persönlichen Entwicklung? Wenn Sie Ihr heutiges Leben anschauen, was möchten Sie verändern?

➢ Was sollen/wollen Sie wirklich tun? Tun Sie im Moment das, was Sie wirklich, aus Ihrer tiefsten Überzeugung heraus tun wollen? Oder tun bzw. arbeiten Sie im Moment nur das, weil es Andere von Ihnen so erwarten?

> Wie können Sie Ihr Lebensziel erreichen?

- Mit welchen Gedanken?
- Mit welchen Worten?
- Mit welchen Handlungen?

Damit sind wir bei dem zentralen Thema:

Welche Software benötigen Sie für die Umsetzung Ihres Planes?

Zusätzlich können Sie sich noch weitere Fragen stellen:

> Was sind meine Qualitäten? Was ist ganz typisch für mich, was unterscheidet mich von jedem anderen Menschen in meinem Umfeld?

> Welche Fähigkeiten bringe ich mit? Welche Fähigkeiten will oder kann ich mir noch aneignen?

> Was ist mein ganz besonderes, einmaliges Potenzial? In welchem Bereich bin ich wirklich gut, was kann ich tun, was kein anderer Mensch tun könnte?

> Wie und wo kann ich mein ganz besonderes, einmaliges Potenzial in mir - und damit in meinem Umfeld ausdrücken?

Machen Sie sich an die Beantwortung der Fragen. Versuchen Sie, jeden Tag ein wenig näher an die Lösung heranzukommen. Fragen Sie sich zum Beispiel, ob das, was Sie gerade tun oder mit was Sie sich beschäftigen, Sie näher an Ihr eigenes Lebensziel bringt?

Ein guter Hinweis dafür, ob Sie auf Ihrem richtigen Weg sind, sind Ihre Gefühle. Diese werden immer „positiver" werden, je näher Sie Ihrem (Lebens-)Ziel kommen.

Sie merken bestimmt, dass hier alle in diesem Buch angesprochenen Punkte zusammenkommen.

Fazit:

Um das Ganze abzurunden, möchte ich noch einmal auf das Anfangsthema hinweisen. Wenn Ihr Leben kompliziert geworden ist und es Ihnen nicht gefällt, Sie sich unglücklich oder unzufrieden fühlen, wenn Sie immer wieder ähnliche Situationen erleben oder von einer Krise in die nächste stolpern - dann sind Sie noch nicht auf Ihrem Weg.

Dann haben Sie momentan nicht die richtige Software auf Ihrer "Festplatte". Oder es gibt Überzeugungen Glaubenssätze oder Angewohnheiten, die Sie übernommen oder selbst entwickelt haben, welche Sie an einem glücklichen und zufriedenen Leben hindern. Diese „Zusatzprogramme" waren bestimmt einmal nützlich für Sie. Nur, jetzt stören sie Ihre Software – und es kommt ein „falsches" Ergebnis in Ihrem Leben heraus.

Sie wissen, dass SIE

das alles ändern können!

Schliessen Sie die Augen (ach, geht ja nicht, Sie lesen ja noch) und stellen Sie sich vor:

❖ die richtige Software ist auf Ihrem "Computer" aufgespielt,
(wie Sie die richtige Software entwickeln und aufspielen können erfahren Sie auf Seite 79)

❖ es gibt nur aufbauende, positive Überzeugungen, Glaubenssätze oder Angewohnheiten, wie z.B. „Ich kann das, weil . . . ".

❖ Sie können Ihre Gedanken bewusst wählen und formen

❖ Sie sprechen Ihre Worte bewusst aus und handeln dementsprechend

❖ Sie kennen und nutzen Ihr eigenes, gigantisches Potenzial.
Ihr Potenzial zeigt sich in den Momenten, in denen Sie handeln und alles läuft wie von alleine, ganz ohne Mühen. Finden Sie Ihr Potenzial heraus (siehe Seite 79)

❖ Sie haben Ihren Lebensplan und kennen Ihr Lebensziel [8])

❖ Sie tun genau das, was Sie schon immer tun wollten

... was wäre das für ein Leben?!

Würden Sie sich in einem solchen Leben glücklich fühlen? Können Sie sich vorstellen, dass ein solches Leben wie in einem Traum abläuft? Wie erfolgreich wären Sie? Wie harmonisch wäre Ihre Beziehung? Was würde in Ihrem Beruf alles besser gehen können?

Bemerken Sie es: gerade eben haben Sie sich vom "Opfer" zu einem "Gestalter" verwandelt! Wie fühlt sich das für Sie an?

Sie wissen, dass SIE das alles erreichen können!

Sie haben die Macht und das Recht sowie das Potenzial dazu, Ihr Leben so zu gestalten, wie Sie es sich wünschen! Zu Ihrem Besten und zum Wohle Aller.

Sie selbst gestalten die Welt, in der SIE leben!

Beginnen Sie jetzt, legen Sie los, machen Sie den ersten Schritt.

Arbeiten Sie täglich mit den Hinweisen, die ich Ihnen in diesem Buch gegeben habe. Sie werden sehr schnell Verbesserungen oder Veränderungen erfahren. Sie werden nicht in 2 - 3 Tagen Ihr Leben komplett verändert haben. Dieses Versprechen kann ich Ihnen leider nicht geben.

Was ich Ihnen jedoch versprechen kann ist Folgendes: mit jedem Tag, an dem Sie mit meinen Tipps und den Fragen für sich selbst gearbeitet haben, werden Sie immer bewusster denken und handeln können. Das ist der erste und wichtigste Schritt, der Ihr Leben nachhaltig verändern wird. Die weiteren Schritte können dann auf einer soliden Basis, auf einem guten Fundament aufgebaut werden.

In diesem Buch konnte ich natürlich nicht alles detailliert beschreiben, was ich in den letzten Jahrzehnten selbst erfahren, gelernt und umgesetzt habe. Dann wäre dieses Buch hier viele 100 Seiten dick – und Sie hätten es bestimmt nicht gelesen.

Jedoch habe ich aus meinen gesammelten Erfahrungen heraus einen Kurs mit einem Arbeitsbuch entwickelt. Diesen empfehle ich Ihnen, damit Sie selbst Ihre nächsten Schritte tun können. Falls Sie dabei Unterstützung benötigen, bin ich gerne für Sie da (schauen Sie dafür bitte auf Seite 79).

Wie ich können auch Sie sich verändern, alte und überflüssige oder nicht mehr förderliche Programme löschen, eine neue "Lebens-Software" aufspielen. So legen Sie den Grundstein für ein wahnsinnig schönes Leben.

Für Ihren weiteren Lebensweg wünsche ich Ihnen von ganzem Herzen alles Gute und viel Erfolg und die richtigen Gedanken dazu.

Alles Liebe und Gute

Ihr

Christoph J. Bauer

Wenn Sie anderen Menschen auch diesen Erfolg, dieses Glück und Harmonie im Leben wünschen oder ermöglichen wollen – dann schenken Sie ihnen doch einfach dieses Buch.

Über Rückmeldungen zu diesem Buch freue ich mich, seien sie positiv oder auch kritisch. Auch wenn ich schon Vieles weiss, so bin ich doch weiterhin ein Lernender.

Kapitel 7 – Zusammenfassung

1. Sie selbst gestalten die Welt, in der Sie leben!

2. Ihre und meine Gedanken erschaffen Ihre und meine Umwelt!

3. Ihr Körper ist der Spiegel Ihrer Gedanken und Ihr Körper ist der Spiegel Ihrer Umwelt!

4. Betreiben Sie täglich Gedankenhygiene. Achten Sie auf Ihre Gedanken. Genau so, wie Sie sich jeden Tag waschen und die Zähne putzen.

5. Werden Sie sich jeden Tag mehr bewusst, was Sie denken oder sagen und ob dies Sie Ihrem Lebensplan oder Traumleben näher bringt.

6. Üben Sie sich darin, jeden Tag bewusster zu werden, mit welchen Texten, Informationen oder auch Menschen Sie sich beschäftigen.

7. Beobachten Sie sich selbst immer wieder in den verschiedenen Situationen. Achten Sie darauf, ob sich bestimmte Verhaltensformen bei Ihnen wiederholen.

8. Wenn Sie bemerken, dass in Situationen ein bestimmtes Gefühl immer wieder bei Ihnen auftaucht, dann versuchen Sie so vorzugehen:

- freuen sich darüber, dass Sie dieses Gefühl bemerkt haben,

- nehmen Sie das Gefühl über die Situation an, denn es macht keinen Sinn sich gegen etwas zu sträuben das bereits da ist,

- "bedanken" Sie sich bei diesem Gefühl dafür, dass Sie auf eine "alte" Geschichte hingewiesen wurden. Welche Geschichte das war, ist jetzt im Moment völlige Nebensache (nicht ins Grübeln, Analysieren oder Interpretieren kommen!),

- in diesem Moment sind Sie sich schon bewusst geworden (Sie wissen, was in Ihnen vorgeht),

- jetzt können Sie aus Ihrem „normalen" Reaktionsprogramm aussteigen und in der Situation mit neuem Wissen besser handeln (agieren).

Was möchten Sie mit Ihrem Leben tun, in welche Richtung wollen Sie diese Welt weiterentwickeln?

Wie sieht Ihr Plan dafür aus und welche Software brauchen Sie dafür?

SIE selbst gestalten die Welt, in der SIE leben!

Stimmen meiner Klienten

(alle Referenzen liegen im Original vor)

****

Kennengelernt habe ich ihn (Christoph Bauer) in einer für mich absoluten Notsituation, in der er einfach da war und sich mit einer Selbstverständlichkeit Zeit genommen, zugehört, mir Lösungsmöglichkeiten aufgezeigt hat und durch seine ruhige aber bestimmte Art gefesselt hat, aber mir auch den Freiraum ließ, den ich brauchte. Er hat mir völlig unverbindlich die Möglichkeit gegeben, weiter mit ihm zu arbeiten. Er reichte mir seine Hand, ließ es mir aber frei sie zu nehmen.

Im Laufe der Zeit habe ich seinen reichen Erfahrungsschatz, sein Fachwissen und seine sinnliche Fähigkeiten kennen und sehr schätzen gelernt. Er hat mich auf eine Art begleitet, die mir immer genügend Raum und Zeit gelassen hat, um meine erarbeiteten Entwicklungsschritte verarbeiten und genießen zu können.　　(D.V. aus M.)

****

Ich kann meine Mitmenschen nun verstehen, denn ich verstehe mich selbst, ich kann Problemen von Anfang an aus dem Weg gehen, denn ich löse sie erst bei mir selbst,

Ich kann meinen Mitmenschen verzeihen und ihnen bedingungslose Liebe entgegen bringen, denn ich verzeihe mir und liebe mich selbst. (S.R. aus W.)

****

Er (Christoph Bauer) verstand es sehr gut, meine Fähigkeiten durch gezielte Fragen heraus zu arbeiten, meine Ängste zu nehmen und mich immer wieder auf meinen eigenen Weg zu bringen. Im Laufe der Zusammenarbeit beschloss ich meinen Job zu kündigen, was nicht sehr leicht war, denn ich habe ja an die vermeintlichen Sicherheiten geglaubt. Heute weiss ich, dass dieser Glaubenssatz nicht meiner war, sondern der Glaubenssatz, den ich aus meiner Vergangenheit und meinem Umfeld übernommen habe. (S.G. aus E.)

****

Besonders interessant war für mich das Thema mit der Angst. „Angst annehmen", sagte er, dem konnte ich nicht so gleich folgen. Bin ich doch froh, dass ich die Angst und den Frust im privaten und geschäftlichen Leben überwinden konnte und jetzt soll ich es wieder annehmen?

Doch es ist anders und Herr Bauer konnte mich überzeugen. Die Angst, meine Angst, annehmen, sich damit befassen, Ursache und Wirkungsforschung, und Auflösen. Das ist es.

Ich habe dazu gelernt, Zeit zu haben und mich selber zu verstehen.   (J.P. aus M.)

****

Sie dürfen mich ansprechen.

Auf meiner Website biete ich für jeden die passende Hilfestellung an: Information oder Webinare über bestimmte Themenbereiche, The Journey-Prozesse (auch am Telefon oder über Skype) sowie das von mir entwickelte **Coaching-Programm „Mentiona-Coaching"** (ebenso am Telefon oder über Skype). Schauen Sie vorbei und informieren Sie sich.

Damit Sie mich und meine Arbeit persönlich kennen lernen können, biete ich Ihnen 30 Minuten **Coaching-Gespräch** als Geschenk an (Telefon oder Skype). Schreiben Sie mir eine E-Mail mit Ihren Fragen bzw. Herausforderungen und zwei Wunschterminen oder gehen Sie auf:

http://www.sabiduria.biz/kontakt.

Ich werde mich dann bei Ihnen melden.

Bei Fragen zum gesamten Programm eine E-Mail senden: **info@sabiduria.biz** oder anrufen auf Skype: **sabiduria-biz** oder Telefon: **+49 (0)89–721 010 676 25**

Zum Abschluss

Nur das Buch lesen, um es dann wieder aus der Hand zu legen, wird Sie nicht in ein besseres Leben bringen. Sie sollten die Ratschläge und Hinweise anwenden, so wie es schon vor langer Zeit von einem heute berühmten Menschen empfohlen wurde:

Beginne mit dem Notwendigen,

dann mit dem Möglichen

und plötzlich wirst du das

Unmögliche tun.

(Franz von Assisi)

Anmerkungen

1) Bei Karma wird häufig in gutes und schlechtes Karma unterschieden. Das ist im Grunde vollkommen uninteressant, da es nur Karma an sich gibt. Karma ist ein Wort für die Auswirkungen des geistigen Gesetzes von Ursache und Wirkung. Karma kann daher weder positiv noch negativ sein, es ist ein neutraler Begriff!

2) Der Begriff von Schuld wurde hier gemäss dem allgemeinen Sprachgebrauch benutzt. Im geistigen bzw. spirituellen Sinne gibt es keine Schuld. Wohl gibt es eine Verantwortung für alle meine Handlungen. Durch mein Tun setze ich eine Ursache, der automatisch eine Wirkung folgen muss, für die ich wiederum die Verantwortung trage.

3) Die genaue Herkunft dieses Textes ist nicht mehr nachvollziehbar. Neben der Annahme, dass er chinesischen Ursprungs ist wird teilweise auch der Talmud als Quelle angegeben. Sicher ist, das Charles Reade ebenso wie Mahatma Ghandi diesen Text in ihrer Sprache verwandten.

4) Der chemische Prozess und der daraus resultierende Stromfluss im Gehirn ist der oder zumindest ein Teil des Denkens. Der

Gedanke wird zu einer feinstofflichen Materie und führt so zu einem Eigenleben. Gedanken, die intensiv immer wiederholt werden oder die von vielen Menschen gleichzeitig gedacht werden, werden zu eigenständigen Wesenheiten. Diese können in der Summe den Zeitgeist und auch die Gruppendynamik von Menschen beeinflussen. Durch die derzeitige generalisierte negative Stimmung kommt es zu einem alles überlagernden Teppich von negativen Gedanken, die als Wesenheiten weitere negative Gedanken in uns produzieren können.

5) Das Beispiel des Elefanten zeigt noch einen anderen Aspekt. Da wir in Wahrheit wissen oder auch nicht wollen, dass ein Elefant im Zimmer auftaucht schicken wir unbewusst sofort einen löschenden Gedanken hinterher.

Das funktioniert natürlich auch in umgekehrter Richtung: so manchem positiven Gedanken löschen wir sofort wieder durch sogenannte „Killerphrasen" wie „das geht gar nicht", „das hat noch nie funktioniert", wieso soll das gerade mir gelingen?" etc.

6) Hier sei noch einmal darauf hingewiesen, dass die Auswirkungen dieses Gesetzes von Saat und Ernte das Karma erzeugt, welches auf Seite 16 erwähnt wurde.

7) Eine Kabbala Lebensanalyse wird auf einem Erfahrungsschatz erstellt, der viele Jahrtausende alt ist. Sie haben sich ganz konkrete Lebenswege vorgenommen, auf denen Sie bestimmte Lernaufgaben bearbeiten möchten. Aus Ihrem Namen und Geburtsdaten werden Ihre Lernaufgaben und Lebenswege sehr detailliert und verständlich entschlüsselt. Eine Kabbala Lebensanalyse ist quasi der individuelle Lebensleitfaden.

Weitere Information auf:
http://www.sabiduria.biz/kabbala-lebensanalyse/

8) siehe Anmerkung 7)

"Achte auf Deine Gedanken,
denn sie werden zu
Deinen Worten.

Achte auf Deine Worte,
denn sie werden zu
Deinen Taten.

Achte auf Deine Taten,
denn sie werden zu
Deinen Gewohnheiten.

Achte auf Deine Gewohn-
heiten, denn sie prägen
Deinen Charakter.

Achte auf Deinen Charakter,
denn er bestimmt
Dein Schicksal."

Was ist SABIDURIA?

Die PRAXISGEMEINSCHAFT SABIDURIA berät und coacht Menschen, die Anleitungen und Hilfe suchen für ihre weitere persönliche Entwicklung. Besonders in Krisensituationen wie Trennung vom Lebenspartner, Verlust der Arbeitsstelle oder Schicksalsschlägen in der Familie wird diese Unterstützung gerne genutzt.

SABIDURIA ist ein Wort aus dem Spanischen, welches soviel bedeutet wie Erkennen, Wissen, Weisheit.

Das Ziel der Arbeit der PRAXISGEMEINSCHAFT SABIDURIA ist es, zu erkennen, wo genau im Leben man gerade steht und vor allem, wie man dort hin gekommen ist. Mit diesem Wissen können die nächsten Schritte besser geplant und dementsprechend weise gehandelt werden.

Was ist MENTIONA-COACHING?

Mit dieser ganz speziell von mir entwickelten Coachingweise berücksichtige ich den Klienten mit all seinen Facetten, seinen Gefühlen und Gedankenprozessen.

Der Begriff MENTIONA-COACHING besteht aus Teilen der Wörter „mental" und „emotional": das Mentale und das Emotionale werden zusammen geführt.

Das MENTIONA-COACHING setzt sich aus Methoden zusammen, die sich in den Bereichen Schulung und Training seit Jahrzehnten bewährt haben.

Zugleich werden Methoden angewandt, welche die von Wissenschaft und Wirtschaft gesetzten Grenzen überschreiten. Dazu gehören angeleitete Reisen in das eigene Unbewusste, ohne dass Trancetechniken oder Hypnose angewendet werden.

Website:
http://www.sabiduria.biz

www.tredition.de

Über tredition

Der tredition Verlag wurde 2006 in Hamburg gegründet. Seitdem hat tredition Hunderte von Büchern veröffentlicht. Autoren können in wenigen leichten Schritten print-Books, e-Books und audio-Books publizieren. Der Verlag hat das Ziel, die beste und fairste Veröffentlichungsmöglichkeit für Autoren zu bieten.

tredition wurde mit der Erkenntnis gegründet, dass nur etwa jedes 200. bei Verlagen eingereichte Manuskript veröffentlicht wird. Dabei hat jedes Buch seinen Markt, also seine Leser. tredition sorgt dafür, dass für jedes Buch die Leserschaft auch erreicht wird

Autoren können das einzigartige Literatur-Netzwerk von tredition nutzen. Hier bieten zahlreiche Literatur-Partner (das sind Lektoren, Übersetzer, Hörbuchsprecher und Illustratoren) ihre Dienstleistung an, um Manuskripte zu verbessern oder die Vielfalt zu erhöhen. Autoren vereinbaren unabhängig von tredition mit Literatur-Partnern die Konditionen ihrer Zusammenarbeit und können gemeinsam am Erfolg des Buches partizipieren.

Das gesamte Verlagsprogramm von tredition ist bei allen stationären Buchhandlungen und Online-Buchhändlern wie z. B. Amazon erhältlich. e-Books stehen bei den führenden Online-Portalen (z. B. iBookstore von Apple) zum Verkauf.

Seit 2009 bietet tredition sein Verlagskonzept auch als sogenanntes "White-Label" an. Das bedeutet, dass andere Personen oder Institutionen risikofrei und unkompliziert selbst zum Herausgeber von Büchern und Buchreihen unter eigener Marke werden können.

Mittlerweile zählen zahlreiche renommierte Unternehmen, Zeitschriften-, Zeitungs- und Buchverlage, Universitäten, Forschungseinrichtungen, Unternehmensberatungen zu den Kunden von tredition. Unter www.tredition-corporate.de bietet tredition vielfältige weitere Verlagsleistungen speziell für Geschäftskunden an.

tredition wurde mit mehreren Innovationspreisen ausgezeichnet, u. a. Webfuture Award und Innovationspreis der Buch-Digitale.

tredition ist Mitglied im Börsenverein des Deutschen Buchhandels.

Zeitfracht Medien GmbH
Ferdinand-Jühlke-Straße 7
99095 Erfurt, Deutschland
produktsicherheit@kolibri360.de